LETTRES

A MM. LES DÉPUTÉS

COMPOSANT LA COMMISSION DU BUDGET,

SUR LA PERMANENCE

DU SYSTÈME DE CRÉDIT PUBLIC.

IMPRIMERIE DE F. LOCQUIN,

RUE NOTRE-DAME-DES-VICTOIRES, N 16.

LETTRES

A MM. LES DÉPUTÉS

COMPOSANT LA COMMISSION DU BUDGET,

SUR LA PERMANENCE

DU SYSTÈME DE CRÉDIT PUBLIC,

ET SUR LA NÉCESSITÉ DE RENONCER à TOUTE ESPÈCE DE REMBOURSEMENT
DES CRÉANCES SUR L'ÉTAT.

PAR M. G. D.'E.

PARIS.

A LA LIBRAIRIE CENTRALE,

PALAIS-ROYAL, GALERIE NEUVE, Nᵒˢ 1, 49, 190, 191;

ET CHEZ L'ÉDITEUR, RUE DAUPHINE, Nᵒ 24.

1829.

LETTRES

A MM. LES DÉPUTÉS

COMPOSANT LA COMMISSION DU BUDGET,

SUR LA PERMANENCE

DU SYSTÈME DE CRÉDIT PUBLIC.

LETTRE I.

Messieurs,

Parmi les questions si variées sur lesquelles l'examen du budget appelle vos investigations, il en est peu d'aussi importantes que celles qui se rattachent à l'existence du système de crédit public. Nulle institution, en effet, ne touche par tant de points aux plus chers intérêts de la société, à ceux de l'État comme à ceux de la famille, à ceux du pauvre comme à ceux du riche.

Cependant la difficulté du sujet est au moins égale à son importance ; long-temps il est demeuré rebelle aux efforts de ceux qui ont tenté de l'éclaircir. J'ose même l'affirmer, parce que je me sens capable d'en offrir au besoin la démonstration. Parmi tant d'écrivains illustres qui se sont occupés de cette matière, il n'y en a pas un seul qui ait encore conçu d'une manière suffisamment générale la théorie du crédit public ; et par cette raison il n'y en a pas un seul auquel on ne puisse reprocher un nombre plus ou moins grand d'erreurs et de contradictions. Il est certain d'ailleurs que cette théorie, telle qu'on la trouve encore dans les écrits des économistes contemporains les plus distingués, n'a pas dépassé le point ou l'avaient laissée les publicistes du dernier siècle qui s'en sont occupés ; quelques opinions, aussi justes que neuves, récemment publiées, ont été le premier progrès essentiel que la science ait fait depuis un siècle. Loin d'avancer, elle avait plutôt rétrogradé à certains égards. Car la bizarre théorie du docteur Price sur la puissance de l'amortissement à intérêt composé, avait introduit dans la question une complication singulière, qui subsiste même encore, au moins en France, malgré les savantes réfutations de l'antagoniste de Price, du docteur Hamilton. Le rapport fait en votre nom, Messieurs, dans lequel le maintien de l'amortissement à intérêt composé est si vivement recommandé, est un éclatant témoignage de la puissance que ces doctrines fascinantes conservent encore sur les esprits les plus éclairés de notre nation.

Ayant voué à l'étude du crédit public une attention toute spéciale, n'ayant épargné ni temps ni recherches pour connaître les travaux les plus intéressans auxquels ce sujet a donné lieu, ayant pu profiter des lumières nouvelles que des publications récentes, soit en Angleterre, soit surtout en France, ont répandu sur cette importante théorie ; je crois enfin avoir réussi à coordonner, compléter ces élémens divers d'une manière satisfaisante ; je crois être arrivé à un ensemble de principes qui permettent de résoudre par une déduction simple et rigoureuse les difficultés dont le sujet est encore entouré.

Cependant les mesures pratiques, dont l'adoption serait une conséquence nécessaire de l'établissement de ces principes, sont aussi opposées que possible à celles généralement adoptées aujourd'hui. Et lorsque je considère quelle vaste influence le système de crédit public exerce sur la société ; lorsque je songe à l'étendue du mal qui résulterait d'une fausse direction imprimée à cette institution, il me semble que c'est un devoir pour moi de communiquer à mes concitoyens mes appréhensions, ou plutôt, pourquoi ne pas le dire hautement? ma conviction, que la marche suivie jusqu'ici à l'égard du système de crédit public est directement contraire aux intérêts véritables de la société.

Mais n'est-ce pas à vous, Messieurs, vous délégués par les mandataires de la nation pour prendre en considération tout ce qui touche aux intérêts financiers du pays, que je dois soumettre spécialement mes objections contre le système actuellement suivi, mes vues sur celui qu'on doit adopter? N'est-il pas du devoir de tout citoyen de venir vous apporter le tribut de ses observations et de ses travaux, lorsqu'il les croit utiles à l'accomplissement de la mission dont vous êtes chargés, puisque c'est par votre entremise qu'ils peuvent recevoir l'application la plus immédiate, l'extension la plus utile?

Je sens, Messieurs, combien il me serait flatteur de conquérir les suffrages de juges tels que vous; car nul autre tribunal n'est plus compétent pour prononcer sur l'importante question que j'ai l'honneur de vous soumettre aujourd'hui. Je m'abstiendrai toutefois de solliciter votre indulgence, elle serait hors de saison en pareille matière. Quelque opinion que vous vous formiez définitivement de mes théories, je suis bien sûr au moins que vous me rendrez cette justice, que je ne parle pas sans préparation, et sans avoir approfondi la matière sur laquelle je prends la liberté d'appeler votre attention. La seule grâce que je vous demande est de ne point précipiter votre jugement.

En venant défendre devant vous une doctrine nouvelle du crédit public, je ne me dissimule pas l'étendue des difficultés qui m'attendent; je sais que j'ai à combattre des préjugés universellement reçus, profondément enracinés, appuyés sur des autorités imposantes. Une vive conviction, résultat de longues méditations, de recherches persévérantes sur le système du crédit public, a pu seule me donner aujourd'hui le courage nécessaire pour venir attaquer un ordre de choses défendu avec tant d'unanimité. Quoi qu'il en soit, c'est de la discussion, pour laquelle j'ose vous prier de vouloir bien m'accorder une bienveillante attention, et c'est de là seulement, que je puis attendre ma justification.

J'espère que cette apparence paradoxale qui malheureusement, j'en conviens, s'attache d'abord aux propositions que j'aurai l'honneur de vous présenter, et qui doit leur nuire auprès des bons esprits, ne tardera pas à se dissiper devant l'évidence des faits, devant les lumières qui naî-

tront d'un examen raisonné du système de crédit
public.

Je puis maintenant entrer en matière. Et afin
de donner à mes idées une forme plus précise
et plus saillante, qui prévienne les méprises,
et rende la discussion plus nette et plus facile,
j'essayerai de les présenter sous la forme d'une
série de résolutions, qui auront l'avantage de faire
connaître tout d'abord les modifications que je
crois devoir être opérées dans la constitution du
crédit public. Voici ces résolutions :

1°. Les rentes actuellement inscrites au grand-
livre de la dette publique française, et celles qui
pourront être créées à l'avenir, seront déclarées
rentes perpétuelles, non rachetables ni rembour-
sables, sous quelque forme et par quelque mode
que ce puisse être.

2°. A partir du 22 juin 1830, la dotation de
40,000,000 de francs, affectée à l'amortissement de la dette publique, sera supprimée. Les
37,503,204 francs de rente acquis à la caisse d'a-
mortissement seront annulés au profit de l'Etat.

3°. La prétention élevée par l'État de rembourser au pair les rentes 5 p. 100 actuellement existantes, sera abandonnée.

MESSIEURS,

Les défenseurs du système actuel proclament qu'une dette publique est une espèce de fléau pour un Etat ; et, par une conséquence parfaitement logique, ils concluent que l'État doit faire ses derniers efforts pour l'éteindre et s'en débarrasser.

Les mêmes personnes regardent l'amortissement et le remboursement au pair comme des opérations éminemment avantageuses à l'Etat, et par une conséquence également juste, ils concluent qu'il faut autant que possible mettre en pratique ces opérations.

Pour les combattre, pour renverser leur système, il est clair que je dois démontrer la justesse des propositions contraires.

Je dois démontrer qu'une dette publique (1),

---

(1) Il est singulier qu'on attache en général un sens fâcheux au mot de *dette*, soit *dette publique*, soit *dette privée*. Cependant, si l'on ne veut pas réduire chacun à exploiter exclusivement son propre capital, il faut bien qu'il y ait des *dettes* dans la société. Parce qu'elles servent aux prodigalités de quelques dissipateurs, il ne faut pas oublier qu'elles sont en général un résultat avantageux du crédit, et l'instrument nécessaire de la production.

ou, pour me servir ici d'une expression moins fautive, moins étroite, moins sujette à nous induire en erreur, qu'un système de crédit public est une institution éminemment utile à l'Etat ; loin de chercher à la supprimer, il faut donc, par tous les moyens possibles, la conserver, la développer, la fortifier.

Je dois démontrer que le remboursement au pair et l'amortissement sont des opérations sans avantage, ou même onéreuses pour l'Etat ; c'est-à-dire que, même en admettant l'utilité d'éteindre la dette, d'autres modes de remboursement seraient préférables à ceux-là : il convient donc de supprimer l'amortissement et la faculté du remboursement au pair.

Ces deux principes étant une fois établis, il en résultera la convenance, *en général*, de rendre les créances publiques permanentes, sans faculté de rachat ni de remboursement. Il en résultera, par exemple, que cette mesure doit être adoptée pour les rentes qui pourront être créées à l'avenir. Mais avant d'appliquer cette mesure aux créances publiques actuellement existantes, un troisième point restera encore à examiner, savoir : si elle ne blesse pas des droits acquis soit au profit de l'Etat, soit au profit des rentiers.

Qu'elle est l'action d'un système de crédit public sur l'économie intérieure de la société ?

Quels sont les résultats de l'amortissement et du remboursement au pair ?

La suppression de ces deux opérations appliquée aux rentes françaises actuellement existantes, blessera-t-elle des droits acquis ?

Telles sont les questions que je me propose d'examiner successivement.

PREMIÈRE QUESTION.

QUELLE EST L'ACTION D'UN SYSTÈME DE CRÉDIT PUBLIC SUR L'ÉCONOMIE INTÉRIEURE DE LA SOCIÉTÉ ?

LETTRE II.

Des préjugés existans sur la nature des dettes publiques.

MESSIEURS,

JE sais que les idées généralement reçues au sujet de ce qu'on appelle communément une dette publique, sont loin d'être très-favorables à cette institution; et, pour être mieux compris, pour frayer la voie aux développemens dans lesquels je dois entrer, je pense qu'il est nécessaire de rectifier d'abord, autant que je le pourrai, quelques-unes des opinions erronées maintenant prédominantes à ce sujet.

On entend répéter continuellement qu'une dette publique est un fardeau, dont le passé s'est déchargé sur l'avenir; on prétend que nos pères, ne pouvant avec leurs ressources faire face aux exigences du temps, ont jugé à propos d'appeler à leur secours, par anticipation, les ressources de la postérité. Ce sont là des phrases comme il y en a tant, qui ont le privilége d'être données et reçues comme monnaie courante, sans que personne prenne jamais la peine d'en vérifier la valeur. Elles contiennent cependant une monstrueuse absurdité. Par quelle magie veut-on que les hommes d'une génération puissent soudainement réaliser les ressources des générations à venir? On a prétendu jadis évoquer les âmes de la postérité; mais des capitaux sont une chose trop matérielle, et qui résistent à un pareil sortilége. Non, Messieurs, ce n'est point avec les ressources de l'avenir qu'une génération fait face aux dépenses qui lui sont imposées. Ce n'est point avec les canons de la postérité qu'elle se bat; ce n'est point le pain de la postérité qu'elle mange, les hommes de la postérité qu'elle tue : c'est sa poudre, son pain, ses hommes qu'elle consomme.

La création des rentes sur l'Etat n'a pas la propriété tout-à-fait inconcevable de permettre à une nation de suffire à ses besoins avec d'autres ressources que celles du présent. Mais si elle ne diminue pas l'étendue du sacrifice imposé à l'Etat, il est vrai qu'elle le rend moins douloureux pour les individus. L'Etat, en empruntant en leur nom, et les obligeant par contre au payement d'une redevance annuelle envers ceux qu'on appelle les créanciers de l'Etat, mais qui ne sont, dans le fait, que les créanciers de certains individus ; l'Etat dis-je, par cette opération, permet aux contribuables de conserver le capital qui alimente leur industrie, et dont la privation leur serait extrêmement pénible. Il est vrai que ceux-ci et leurs successeurs restent grevés de la redevance annuelle envers les créanciers de l'Etat. Mais cette redevance n'est que l'intérêt annuel du capital qu'ils ont été admis à conserver, et dont la privation leur eût été bien plus onéreuse que le payement de la redevance. Reprochera-t-on à un particulier d'acheter une propriété payable à certains termes, plutôt que de l'acheter comptant, sous prétexte qu'il grève sa fortune et celle de ses enfans d'une redevance pour l'avenir ? Dans la plupart des circonstances, cette conduite ne sera-t-elle pas au contraire la plus sage qu'il puisse adopter ? Eh bien ! il en est de même du contribuable, qui, pour ne pas se dépouiller d'un ca-

pital nécessaire, s'oblige au payement d'une redevance annuelle envers les créanciers de l'Etat.
A côté de cette redevance qui figure à son débit,
vous devez tenir compte du capital qu'il a con-
servé, et qui figure à son crédit.

Il est donc complétement faux que la création
des rentes publiques ait été un moyen de rejeter
sur l'avenir les charges du passé. La dépense qui
a donné lieu à la création de ces rentes a été dès
long-temps effectuée, consommée ; elle ne reste
pas à faire. La création des rentes publiques n'a
pas pu empêcher qu'elle n'eût lieu. Elle ne sau-
rait la reporter sur l'avenir. Tout ce qu'elle fait,
c'est d'établir une relation de débiteur à créancier
entre les contribuables et les rentiers : ce sont
des individus qui sont grevés d'une certaine obligation envers d'autres ; mais ils sont grevés dans
leur intérêt même, je le répète, puisque la redevance annuelle qu'ils payent n'est que l'intérêt
du capital qu'ils ont été admis à conserver, les
rentiers faisant pour eux l'avance de la contribution.

D'autres personnes ne vont pas jusqu'à dire
que les créances publiques représentent une
charge dont le présent a été grevé par le passé.
Mais considérant que ces créances ont été, la plupart du temps, créées à l'occasion de dépenses de
guerre, ils les proscrivent à ce titre seul, sans

examiner si ces créances, quoique devant leur origine à des circonstances très-fâcheuses pour la société, ne peuvent cependant pas être en elles-mêmes une chose fort salutaire. Or, ces créances pourraient tout aussi bien avoir été instituées à l'occasion de dépenses très-utiles : par exemple, pour des constructions de routes, de canaux, etc. ; et alors ces mêmes personnes, pour être conséquentes dans leur manière de raisonner, devraient se faire les apologistes de la dette publique, et y voir une création tout-à-fait admirable, sans que cependant la nature en eût été le moins du monde changée. Telle est la contradiction où les conduit leur principe.

Mais quel homme de bon sens ne voit pas que l'existence d'un système de crédit public dans la société, c'est-à-dire, l'ensemble des relations de débiteur à créancier qui existent entre les contribuables et les rentiers, la seule chose dont il s'agisse ici, n'a rien de commun avec les circonstances heureuses ou malheureuses qui y ont originairement donné lieu ? Parce qu'une source d'une eau fraîche et vive a jailli des commotions d'un tremblement de terre, son onde en est-elle moins bienfaisante; et proposera-t-on de la tarir? Et si, d'aventure, les créances publiques n'ont été créées qu'à l'occasion de dépenses désastreuses; si elles sont comme les fastes dans lesquels se trouvent écrits en grosses lettres les frais de toutes les guerres depuis cent années , cette association d'idées ne me semble être qu'une utile leçon pour les peuples et les gouvernemens, et n'est en aucune façon un motif pour attirer sur cette institution l'aversion des hommes sensés. Ce n'est point là une raison pour confondre les effets, quels qu'ils soient, du crédit public, avec ceux des dépenses ruineuses à l'occasion desquelles il s'est formé.

D'autres personnes enfin , et c'est le plus grand nombre , voyant les intérêts des créances publiques figurer au budget de l'État, à côté des dépenses courantes, prennent ces intérêts pour une dépense réelle ; c'est-à-dire, pour un revenu consacré aux services productifs ou improductifs de l'administration. Ils ne voient pas qu'il y a entre les deux emplois une différence énorme : car, pour la partie du revenu public appliquée au payement des intérêts de la dette, le gouvernement n'est qu'un intermédiaire, une espèce de banquier placé entre certains débiteurs et certains créanciers ; et les fonds employés à ce service ne sortent point des canaux ordinaires de la circulation.

Ainsi, Messieurs, il est faux qu'une somme quelconque de créances publiques soit un fardeau légué par le passé à l'avenir, et qui grève actuellement l'État considéré collectivement. Il est ridicule de faire retomber sur l'institution du crédit public le caractère fâcheux des circonstances à l'occasion desquelles elle s'est formée. Enfin, il est faux que l'application d'une portion des revenus de l'État au payement des intérêts des créances publiques soit une dépense aucunement analogue aux autres dépenses de l'État.

J'ai dit ce que le système de crédit public n'est pas ; voyons maintenant ce qu'il est.

Messieurs, *un système de crédit public n'est autre chose qu'une relation de débiteur à créancier, établie entre la totalité des contribuables d'une part, et un nombre plus ou moins grand de rentiers, d'autre part, l'État servant d'agent intermédiaire entre les uns et les autres.*

D'après cela, toute la théorie d'un pareil système me paraît pouvoir être résumée dans les deux principes suivans :

1° *Le système de crédit public, en établissant une relation de débiteur à créancier entre la totalité des contribuables, d'une part, et un nombre plus ou moins considérable de rentiers d'autre part, ne fait que reproduire sur une plus grande échelle, et avec certains caractères particuliers, la relation ordinaire de débiteur à créancier, telle qu'elle résulte du crédit privé. Sous le* rapport de la transmission et du placement des capitaux , il présente les mêmes avantages que le crédit privé, et d'autres en outre beaucoup plus grands. Il est un puissant promoteur de l'accumulation des richesses, de la sécurité des familles, et du perfectionnement moral et intellectuel des individus. Il est enfin une véritable institution politique, profondément inhérente à l'organisation des sociétés modernes.

Mais si, d'une part, le crédit public, considéré dans son essence même, nous apparaît sous des traits si favorables, d'un autre côté, il y a dans son organisation actuelle un vice extrêmement grave, et que je vais signaler.

2° Le caractère si éminemment utile du crédit public se trouve voilé pour ainsi dire, et même plus ou moins altéré par l'intervention du Gouvernement comme intermédiaire entre les débiteurs et les créanciers ; et les intérêts des créances publiques étant prélevés au moyen des taxes ordinaires, le payement de ces intérêts emporte avec soi tous les inconvéniens qui résultent de la perception des taxes en général, ainsi que de la hausse artificielle produite par les mêmes taxes sur le prix des denrées.

A ces deux principes qui me paraissent renfermer toute la théorie du crédit public, correspondent naturellement deux autres principes relatifs

aux mesures pratiques qu'il convient d'adopter pour le perfectionnement de cette institution.

Le crédit public étant dans son essence une institution bienfaisante, appendice nécessaire de l'organisation sociale actuelle, et dont la tendance à devenir permanente est d'ailleurs clairement marquée par la série des faits historiques :

3° *Il serait aussi inutile que déraisonnable de s'opiniâtrer à l'abolir. Il convient de proclamer sa permanence, et de renoncer aux tentatives essayées jusqu'ici, sous quelque forme que ce soit, pour éteindre les dettes nationales.*

L'emploi de l'impôt pour le payement des intérêts du crédit public, entraînant des inconvéniens très-graves, mais qui sont évidemment proportionnels à la quotité de l'impôt, et diminuent aussi proportionnellement à la diminution de cette quotité :

4° *Les excédans des recettes sur les dépenses, qui ont été jusqu'ici employés, ou du moins destinés au remboursement de la dette, doivent être dorénavant employés à des dégrèvemens d'impôts, afin de soulager directement et immédiatement la nation des seuls inconvéniens que lui occasionne l'existence du système de crédit public.*

Nous examinerons successivement ces divers principes.

LETTRE III.

PREMIER PRINCIPE DE LA THÉORIE DU CRÉDIT PUBLIC.

Analyse des rapports créés dans la société par le système de crédit public.—Avantages qui résultent de ces rapports pour la société.

Avant de m'engager dans l'analyse des rapports créés dans la société par le système de crédit public, j'ai besoin que l'on m'accorde deux prolégomènes.

1º Que les taxes sont, *en général*, payées uniquement par les capitalistes, parce que si les salariés en font souvent l'avance, elle leur est ordinairement remboursée par ceux qui les emploient.

2º Que chaque capitaliste paye, *en général*, une somme de taxes proportionnelle au montant de son revenu.

Si l'on refusait de m'accorder ces deux prolégomènes, je serais obligé de m'en référer pour

la démonstration aux ouvrages spéciaux d'économie politique (1).

Cela posé, et si nous observons que chaque
individu contribue au payement des intérêts des
créances publiques en proportion de la somme
totale de taxes qu'il paye, nous pouvons réduire
aux faits suivans les rapports créés dans l'Etat par
un système de crédit public.

1° Un capital plus ou moins considérable est
dû, et un intérêt annuel est payé à un certain
nombre d'individus, appelés assez improprement
créanciers de l'État, par la totalité de ceux qui
payent l'impôt, c'est-à-dire, par la totalité de
ceux qui possèdent un capital dans le pays.

2° Les capitalistes sont obligés solidairement
envers les créanciers de l'État; car il est évident
qu'un contribuable paye ce que l'autre ne peut
plus payer.

3° L'obligation envers les créanciers de l'Etat
n'est point attachée aux personnes, mais aux
capitaux. Chacun contribue au payement des intérêts de la dette, précisément en proportion de
son revenu à chaque moment donné, et sa contribution augmente et diminue justement dans la
progression de son revenu. Il est clair que l'obli-

---

(1) Voyez dans le *Producteur* de mars 1826 un article
fort remarquable sur le système d'emprunt.

gation s'etend d'ailleurs aux capitaux qui se forment continuellement par accumulation, ou qui peuvent être importés dans le pays : elle devient ainsi de plus en plus légère pour chaque capitaliste.

Si nous considérons l'ensemble de ces rapports, nous n'y verrons rien, il me semble, qui justifie la sinistre notion qu'on se fait ordinairement d'une dette publique. Il n'y a point là de charge imposée à l'Etat, il n'y a point de consommation actuelle de capitaux. Nous n'y voyons qu'une simple relation de crédit qui fait, comme dans mille autres circonstances, qu'un capital demeure entre les mains de certains individus, tandis que d'autres en ont la propriété, et qu'un certain intérêt est payé en conséquence par les premiers aux seconds. Que la transmisssion de l'intérêt annuel du débiteur au créancier soit faite par l'Etat au lieu de l'être par un banquier, ou tel autre agent, peu importe, cela ne change point au fond la nature de la relation. Et comme la masse des dettes privées dans un Etat, toujours égale à celle des créances, loin de prouver la détresse publique, prouve au contraire la multiplicité des transactions, et l'activité du travail, il en est de même de la dette publique. Son étendue correspondra toujours plus ou moins à celle de la richesse nationale; et, loin qu'elle soit un symptôme d'appauvrissement, elle est au contraire un signe de la vigueur et de la puissance de l'Etat.

Plus on y songe, plus on trouve que le crédit public offre, et à la partie débitrice, et à la partie créancière, des avantages égaux, et d'autres très-supérieurs à ceux du crédit privé.

Le crédit public est éminemment favorable à la partie débitrice. Et en effet il emprunte pour elle les capitaux dont elle a besoin; il les lui procure à un taux infiniment plus avantageux que celui qu'aurait pu obtenir chaque débiteur individuellement. De plus, ce débiteur n'est pas lié, comme dans le cas du crédit privé, par une obligation personnelle. Si la fraude, si les vicissitudes de l'industrie et du commerce le dépouillent de sa fortune, il ne reste pas sous le poids d'un engagement contracté aux jours de la prospérité, tandis qu'un concurrent moins honnête ou plus heureux hérite de sa dépouille, sans être substitué à ses obligations. La part pour laquelle il contribue au payement des intérêts de la dette est toujours proportionnelle au montant actuel de son revenu. L'obligation, je le répète, s'attache non pas à la personne, mais au capital, et c'est là une modification immense dans le régime de la propriété, modification inaperçue jusqu'ici, et qui mérite cependant une sérieuse considération.

Le crédit public est éminemment favorable à la partie créancière. Ici, Messieurs, un champ immense s'ouvre devant moi, et je regrette que les

bornes que je dois me prescrire m'empêchent de
le parcourir en entier. C'est ici que je dois établir
ce que j'ai avancé plus haut : *que le crédit public*
est un puissant promoteur de l'accumulation des
richesses, de la sécurité des familles, du perfec-
tionnement moral et intellectuel des individus;
qu'il est enfin une véritable institution politique,
profondément inhérente à l'organisation des so-
ciétés modernes.

C'est un fait qui n'a pas besoin de démonstration, que la stabilité des fortunes dans une société
a la plus grande influence sur les mœurs nationales ; qu'elle encourage la pratique des vertus
publiques et privées; qu'elle aide puissamment
au progrès des sciences et des beaux-arts.
L'homme, dont l'esprit est absorbé par les soins
qu'exige la conservation de sa fortune et la crainte
de la perdre, demeure nécessairement étranger
à beaucoup de sentimens élevés et généreux; il
n'a pas le temps de s'occuper du perfectionnement moral, ni de lui-même, ni de ceux qui
l'entourent.

Le régime féodal, dans l'intérêt exclusif, il est
vrai, de quelques classes privilégiées, et avec plus
ou moins d'efficacité, avait pourvu de différentes
manières à la stabilité des fortunes.

Pour les fortunes immobilières il avait créé le
droit d'aînesse et les substitutions.

Pour les fortunes mobilières, il avait créé les restrictions commerciales, les lois des maîtrises et jurandes, qui défendaient les individus engagés dans l'industrie contre les empiétemens de la concurrence.

Pour la même classe bourgeoise, il avait aussi créé les *rentes publiques*, et c'est la seule de ces diverses institutions qui soit en rapport avec l'ordre social actuel.

Une rente publique, ou, pour mieux dire, une créance publique, est une cause puissante de la stabilité des fortunes, *parce qu'elle place un capital sous la garantie solidaire d'une communauté d'individus. De cette manière, le risque de perte est restreint au cas où la somme des pertes l'emporte sur la somme des bénéfices dans la communauté, résultat beaucoup moins probable par rapport à une communauté que par rapport à un individu quelconque.*

Il est clair que ce caractère de solidité augmente, toutes choses égales d'ailleurs, avec le nombre des individus engagés solidairement. Il devient donc infini, pour ainsi dire, lorsque la communauté est une grande nation, chez laquelle le progrès naturel de la richesse est secondé par de bonnes institutions.

Les avantages que la société retire de la création des créances publiques, furent de bonne heure aperçus et mis à profit. Dès l'origine du système social moderne, c'est-à-dire, dès la formation des communes, au treizième siècle, en Italie, en France, les monumens historiques nous montrent des emprunts contractés, et des rentes publiques constituées par ces corps politiques subalternes (1).

En France, au commencement du seizième siècle, François Ier transporta dans l'Etat cette institution enfantée par le régime communal, et devint le fondateur de notre système de crédit public. Depuis ce prince, le besoin d'emprunter, d'une part ; le goût des capitalistes pour les rentes sur l'Etat, de l'autre, ne cessant pas d'augmenter, la dette publique, malgré l'usage fréquent des réductions et des banqueroutes, alla sans cesse croissant. A la fin du règne de Louis XIV, elle s'élevait en capital à 2,600,000,000 fr. (à 28 fr. le marc d'argent) ; en 1789, elle s'élevait à 140 millions de rente ; elle est aujourd'hui de 170 millions (les rentes de l'amortissement non comprises).

C'est un fait constaté par d'anciens écrivains, qu'en France les rentes sur l'Etat, qui se trou-

---

(1) Voyez Thierry, *Lettres sur l'Histoire de France*, *commune de Reims*.

vaient presque entièrement entre les mains de la riche bourgeoisie, de la classe parlementaire, contribuèrent puissamment à fonder l'importance politique de cette classe, en lui donnant le loisir de s'occuper de l'administration de la justice et des affaires de l'Etat (1).

Cependant, jusqu'à l'époque de la révolution française, le bénéfice des placemens dans les fonds publics avait été réservé exclusivement à une bourgeoisie privilégiée, à la classe des rentiers. S'il en devait être encore de même, on pourrait douter si l'État a un bien grand intérêt à conserver un système de crédit public pour entretenir la paisible sécurité de quelques oisifs. Il est certain que dans le dernier siècle, un des plus graves inconvéniens que les esprits philosophiques, et Montesquieu entre autres, voyaient dans l'existence d'une dette publique, était précisément la formation et la conservation de cette classe oisive.

Mais depuis la révolution française, un grand changement s'est opéré. A l'exemple de ce qui existait déjà en Angleterre et en Hollande, la population tout entière a été appelée à prendre part aux avantages du crédit public. Tous ceux

---

(1) Le président Hénault, *Histoire de France. Remarques sur la troisième race.*

qui ne peuvent diriger et surveiller par eux-
mêmes l'emploi de leur capital, la classe des salariés en particulier, doivent trouver dans les
fonds publics un asile où ils mettront ce capital
en dépôt, comme dans une arche sacrée.

Il avait un juste sentiment de la véritable des-
tination du crédit public, le ministre qui, en 1819,
proposa la création dans les départemens des
livres auxiliaires du grand-livre de la dette publique; et il est vivement à regretter qu'au lieu
de marcher dans la même voie, on ait, après lui,
adopté au contraire des mesures bien propres à
dépouiller le crédit public, aux yeux de la nation,
du caractère de stabilité qui fait sa valeur comme
sa force. Les discussions qui eurent lieu sur ce
projet de loi dans les deux Chambres, sont certainement celles où furent jamais professés les
principes les plus justes sur la nature du système
de crédit public; on était alors sur le vrai terrain
de la question; les aberrations n'étaient pas possibles.

« On applaudit avec raison, disait dans cette
» circonstance M. Becquey, à la création des
» Caisses d'épargne, qui reçoivent les moindres
» deniers du pauvre, pour lui en rendre compte
» au moment de ses besoins. Eh bien! les inscrip-
» tions départementales ne sont que des Caisses
» d'épargne offertes à toutes les classes de la société,

» elles ont les mêmes avantages dans un cercle
» plus étendu, et ne peuvent entraîner plus
» d'inconvéniens.

» En Angleterre, en Hollande, disait M. le
» comte Mollien dans son excellent rapport à la
» Chambre des Pairs, les créanciers de la dette
» publique se trouvaient dans toutes les classes
» des citoyens, dans toutes les parties des deux
» États. En Hollande surtout, il n'était pas de
» province, pas de ville, pas de circonscription
» politique où des registres ne fussent ouverts
» aux échanges que voulaient faire entre eux les
» vendeurs ou les acheteurs des divers effets de
» la dette : de là sans doute cet accord de prin-
» cipes, cette nationalité d'opinions, cette con-
» fédération d'intérêts, qui, dans ces deux pays,
» protègent la dette de l'État comme la propriété
» de chaque famille; et sans doute aussi c'est à
» l'observation des mêmes faits, que nous devons
» la proposition d'une mesure dont l'efficacité a
» été constatée ailleurs par une longue et heureuse
» expérience. »

En France, le nombre des familles propriétaires de rentes est évalué maintenant à environ
80,000. La somme des rentes non rachetées s'é-
lève à 170,000,000 fr., ce qui fait en moyenne à
peu près 2,100 fr. de rente par propriétaire.
Sur cette somme de 170,000,000 fr., environ

40,000,000 fr. ou le quart sont immobilisés, et dans le surplus on ne peut évaluer qu'à quelques millions la partie flottante sur le marché. Des reports à l'intérêt de 2 p. 100; des transferts, qui en 1828 n'ont pas excédé pour les 5 p. 100, 76,000 en nombre, et 57,000,000 de francs en valeur prouvent assez combien les rentes françaises sont recherchées comme placement de fonds.

D'après un état communiqué au parlement anglais, il paraît qu'en 1823 l'énorme masse des rentes publiques anglaises s'élevant à 28,000,000 liv. sterl. (700,000,000 fr.), était divisée en 288,000 inscriptions, dont 235,000 étaient au-dessous de 50 liv. sterl. (1250 fr.). Comme le même individu possède quelquefois des inscriptions dans des fonds de diverses espèces, on doit admettre que le nombre des propriétaires était moindre que celui des inscriptions, et supposant qu'il fût seulement de 256,000, la somme moyenne de rentes pour chaque propriétaire serait alors de 110 liv. sterl. environ, ou 2,750 fr.; moyenne qui se rapproche assez de celle que nous avons trouvée pour les inscriptions de rentes françaises. Là aussi, comme en France, la plus grande partie des rentes est hors de la circulation; et chaque jour elles pénètrent plus avant dans les classes mêmes les moins élevées de la société.

J'ai prononcé tout à l'heure le nom des caisses d'épargne, Messieurs ; c'est là un autre des bienfaits que nous devons au système de crédit public. Et quoique l'institution soit d'une date encore trop récente pour qu'elle ait pu donner des fruits bien importans, tels qu'ils sont, ils méritent cependant d'être signalés.

Nées en Écosse au commencement de ce siècle, où elles ne furent qu'une extension du système de banques, si admirablement organisé dans ce pays, les caisses d'épargne furent introduites en Angleterre dans les années 1816 et 1817 ; elles s'y propagèrent bientôt rapidement, et aujourd'hui il n'est pas de petite ville où l'on n'en rencontre une. Quoique leurs progrès aient été peu considérables là précisément où ils auraient été le plus nécessaires, c'est-à-dire, dans les districts manufacturiers, il est certain qu'elles ont, à tout prendre, produit de grands avantages : une somme de 350 millions de francs, qui, en 1828, était déposée à la banque d'Angleterre au nom des caisses d'épargne, en est une preuve suffisante.

Introduites en France dans l'année 1818, les caisses d'épargne y ont prospéré (1) sans y produire des résultats aussi brillans. La différence

---

(1) La caisse d'épargne de Paris avait reçu depuis sa fon-

dans la richesse des deux pays en est peut-être une cause ; mais les répugnances contre les placemens en fonds de l'Etat, répugnances que d'anciens souvenirs ont jusqu'ici maintenues dans la plupart de nos provinces, en sont une autre cause bien plus certaine : les comptes rendus de quelques caisses d'épargne provinciales contiennent à cet égard des témoignages décisifs (1). Grande leçon pour les législateurs, de ne point donner, par des mesures imprudentes, un aliment à cette disposition fâcheuse de la population.

Dans notre ordre social, où la classe laborieuse est encore réduite à un véritable ilotisme; où l'exploitation des capitaux lui est refusée, sinon

---

dation, en 1818, jusqu'au 31 décembre 1828.. 37,000,000 fr.
Celle de Bordeaux, environ.............. 7,000,000
Celles de Marseille, Rouen, Lyon, environ.. 3,000,000

47,000,000 fr.

Nous pouvons donc supposer qu'à peu près 50,000,000 de francs ont été accumulés par l'entremise des caisses d'épargne depuis leur origine. Le montant des rentes inscrites au nom des caisses d'épargne, non comprises celles dont elles ont délivré les transferts à leurs déposans, s'élève à 1,700,000 francs.

(1) Voyez le rapport de la caisse d'épargne de Marseille, du 17 février 1827.

3.

aux conditions les plus onéreuses; où les avantages d'une culture morale et intellectuelle lui sont interdits, parce que la classe des gens bien nés s'en réserve le monopole; on a poussé l'indifférence, disons mieux, la cruauté à son égard, jusqu'à ne pas même lui fournir le moyen, toujours facile au riche, de déposer en sûreté le faible capital qu'elle a gagné au prix de ses sueurs. La seule banque ouverte pour l'ouvrier, c'est la boutique du marchand de vin; c'est là aussi son temple et son académie; c'est là qu'il doit aller consommer dans de funestes désordres son pécule chèrement acquis, en même temps qu'il y ruine sa santé et y abrutit son intelligence; ou si chez lui le goût de l'épargne l'emporte sur ces funestes séductions, presque toujours il devient la victime de quelque homme artificieux, qui le fait tôt ou tard repentir de sa confiance. Chaque année, nos provinces ne sont-elles pas témoins de quelqu'une de ces scandaleuses banqueroutes qui plongent dans la misère la population laborieuse de toute une ville? Sous le rapport du placement des capitaux, la création des caisses d'épargne fait donc rentrer la classe ouvrière dans le droit commun. Par elle, le plus pauvre partage avec le plus riche l'avantage de pouvoir confier son modique capital à l'Etat, à un créancier qui ne lui en paye, il est vrai, qu'un intérêt modique, mais avec lequel il ne court aucune chance de perte. C'est là un premier pas vers la réhabilitation de la classe ouvrière, pas peu important encore, il est vrai, si on le compare à ceux qui restent à faire, mais qui effectue cependant une amélioration réelle dans la condition de cette classe si maltraitée jusqu'ici. Or, cette amélioration, n'est-ce pas au crédit public qu'elle est due? N'est-ce pas le crédit public qui rend la nation tout entière débitrice solidairement de l'obole qu'un simple ouvrier lui a confié?

Parmi les autres avantages que la société retire du système de crédit public, je dois citer encore ces institutions, fondées sur un principe tout-à-fait analogue au sien, ces compagnies d'assurance de toute nature, qui, en compensant les unes par les autres les bonnes et les mauvaises chances auxquelles un grand nombre de capitaux sont soumis, garantissent à chaque capitaliste un bénéfice moyen qui ne peut faillir. Ces compagnies, qui doivent posséder un vaste capital constamment disponible, eussent difficilement pu se former, si elles n'avaient pas eu la ressource des créances sur l'Etat pour le placement de leurs fonds.

Jusqu'ici je n'ai parlé que de la stabilité donnée aux existences individuelles par le système de crédit public ; celle qu'il tend à imprimer à l'état social lui-même a été observée dès long-temps. Il est clair qu'en rendant les citoyens matériellement et directement intéressés à la prospérité de l'Etat, il donne une énergie nouvelle à l'association politique; et, en inspirant à la population une aversion de plus en plus forte pour les guerres, dont les dépenses compromettent le revenu public, il tend à fonder l'état de paix entre les nations.

J'ai cherché, Messieurs, à analyser dans cette lettre l'ensemble des rapports qui constituent un système de crédit public, ou ce qu'on appelle communément une dette publique. J'ai cherché à faire voir les avantages qui en résultaient pour la société.

La véritable nature d'une dette publique s'est montrée clairement à nous ; pour la reconnaître, il suffit d'ouvrir les yeux à l'évidence.

Que voyons-nous en effet dans une dette publique? L'existence de certaines créances ou assignations données à certains individus sur le capital de la communauté, et le payement d'un certain intérêt par la communauté à ces individus, le Gouvernement servant d'intermédiaire. Voilà le seul fait dont nous ayons à nous occuper dans l'appréciation de l'influence d'une dette publique sur l'économie intérieure de la société.

Comment, à quelle occasion ces rapports, ces obligations se sont-ils formés? Ces questions sont parfaitement étrangères à l'objet que nous avons en vue, et ne peuvent servir en rien à l'éclaircir.

Pour le dire en peu de mots, cependant, ces rapports, ces obligations reposent sur une avance de fonds faite par les créanciers primitifs aux débiteurs primitifs. Les premiers ont fait pour les seconds l'avance de leur quote-part à certaines dépenses publiques; ce qui équivaut très-certainement à un prêt direct. Depuis lors, ces créanciers primitifs ont cédé les reconnaissances dont ils étaient porteurs à d'autres individus qui ont succédé à leur droit sur le capital originairement prêté.

Que les dépenses auxquelles ces sommes empruntées ont dû servir aient été productives ou non (et cela est fort difficile à déterminer; car des dépenses de guerre, par exemple, ne sont pas toujours des dépenses improductives), peu importe; tout cela est dans le passé. Si l'emploi a été productif, la nation est devenue plus riche; s'il a été improductif, elle a été appauvrie. Quoi qu'il en soit, la seule chose que nous ayons à examiner, c'est l'influence des relations de crédit, telles qu'elles existent maintenant par le fait de la dette, sur la société telle qu'elle est.

Or, il est impossible de voir comment l'influence de ces relations de crédit peut être essentiellement différente de celle qui résulte des relations ordinaires établies par le crédit privé.

Si d'un jour à l'autre on voulait charger une banque de distribuer aux rentiers les dividendes qu'ils ont le droit de recevoir, et de percevoir des contribuables, sur une évaluation plus ou moins exacte, la part pour laquelle ils sont astreints à concourir au payement de la dette, il n'y aurait plus possibilité de concevoir une différence entre les rapports résultant du crédit public, et ceux résultant du crédit privé. Et cependant toute la différence de l'ordre de choses actuel avec celui-là, c'est qu'aujourd'hui le Gouvernement fait l'office du banquier.

Il est vrai que le système de crédit public a quelques caractères qui lui sont particuliers.

Dans ce système, l'obligation du débiteur, avons-nous dit, ne s'attache pas à sa personne, mais au capital. Elle se proportionne dans chaque moment à la fortune de chaque individu, et suit le capital, dans quelque main qu'il passe ou qu'il se forme.

De plus, dans le système de crédit public il y a solidarité entre les débiteurs; ce qui donne aux créanciers une garantie à peu près infinie pour la conservation de leur capital. Peu à peu la jouissance de cet avantage cesse d'appartenir à une classe privilégiée; les créances se subdivisent;

un plus grand nombre d'individus sont appelés à confier leurs capitaux à la communauté nationale. Et la classe des débiteurs se fondant insensiblement avec celle des créanciers, le crédit public devient une espèce de vaste système d'assurance mutuelle entre les citoyens, le capital déposé par chacun lui étant garanti solidairement par tous; tandis que lui-même n'est obligé envers la communauté, pour le payement de l'intérêt annuel, que personnellement, et en proportion des variations de sa fortune (1).

Hors ces particularités, qui sont entièrement en faveur du système de crédit public, il est impossible, je le répète, de concevoir comment les

---

(1) On peut dire que le système de crédit public, tel qu'il commence à se constituer aujourd'hui, et tel que nous le représentons amené à sa perfection, est une société de *prévoyance contre les revers de fortune*, comme il y a des sociétés de prévoyance contre les maladies. Dans l'un et dans l'autre cas, lorsque le sinistre arrive, l'on a l'avantage de toucher le dividende, en cessant de payer la prime. Un individu qui possède 100 francs de rente sur l'État, et paie 100 francs de contributions pour la dette, doit se considérer dans une position bien plus favorable que si la redevance et le revenu étaient annulées à la fois, parce qu'il a droit, en tout état de choses, à toucher les 100 francs de rente sur l'État, tandis que, s'il perd sa fortune, il est dispensé de payer la redevance annuelle de 100 francs.

effets de ce système peuvent différer en aucune façon de ceux du crédit privé ; comment quelques milliers de comptes courans inscrits dans les livres de la dette publique, peuvent avoir d'autres conséquences pour la société, que les milliers bien plus nombreux de comptes courans inscrits dans les livres des banquiers.

Comment admettre, par exemple, ainsi qu'on l'a souvent prétendu, que la dette publique absorbe tous les ans une portion du revenu national? N'est-il pas clair qu'elle ne fait qu'opérer la transmission d'une portion du revenu de certains débiteurs à certains créanciers, sans en annuler un seul atome?

Comment admettre qu'elle arrête le développement de l'industrie, puisque, ne détruisant aucune partie du revenu annuel, elle ne lui enlève aucune de ses ressources ?

Comment admettre qu'elle réduit le taux des salaires, puisque ce taux étant réglé par la proportion entre la quantité de capitaux disponibles et la quantité de travail, offerts sur le marché, la dette, qui ne diminue pas le capital, qui n'augmente pas l'offre du travail, ne peut par conséquent en aucune façon diminuer le taux des salaires ; puisqu'elle n'est qu'un arrangement particulier, un système d'assurance entre les seuls capitalistes ; arrangement tout-à-fait étranger, tout-à-fait indifférent aux producteurs.

Comment admettre qu'elle réduit le taux du profit des capitaux, puisque la portion du revenu qu'elle enlève aux capitalistes, pour le donner aux rentiers, n'est que l'intérêt légitimement dû par les premiers, pour un capital qu'ils ont en main, mais qui ne leur appartient pas?

Comment admettre enfin que la dette atténue les ressources de l'Etat pour sa défense extérieure, puisque, n'ôtant pas à la nation un seul denier de son revenu annuel, il est impossible d'imaginer comment elle affaiblirait sa puissance ?

Il y a cependant quelque chose de vrai au fond de la plupart de ces assertions; mais elles sont présentées sous une forme tout-à-fait inexacte.

Quelques-uns des inconvéniens qu'on signale sont bien, à dire vrai, occasionnés par la dette, mais seulement à raison du vice actuel de son organisation. Ce ne sont point les résultats essentiels de son existence ; un simple changement dans ses formes extérieures les ferait disparaître.

Nous sommes donc conduits à examiner quels sont les effets de l'organisation actuelle du système de crédit public, c'est-à-dire quels sont les effets de l'intervention du Gouvernement comme intermédiaire entre les contribuables et les rentiers, et de l'emploi de l'impôt pour le prélèvement des intérêts des créances publiques.

LETTRE IV.

Conséquences fâcheuses de l'intervention du Gouvernement comme intermédiaire entre les contribuables et les rentiers, et de l'emploi des taxes pour le prélèvement des intérêts de la dette publique.

MESSIEURS,

Si le payement des intérêts de la dette avait pu avoir lieu par l'intermédiaire d'une agence spéciale, et au moyen d'un simple réglement de comptes, comme cela se pratique, par exemple, dans une banque, qui perçoit sur ses débiteurs les intérêts qu'elle transmet ensuite à ses créanciers, il est certain que la simplicité de ce mécanisme purement commercial eût rendu facile l'appréciation de la véritable nature, et je puis dire des avantages du crédit public.

Mais malheureusement la levée des fonds pour le payement des intérêts des créances publiques, a dû être jointe à celle des fonds pour les dépenses de l'Etat, elle a dû s'opérer par l'intermédiaire des mêmes agens et à l'aide des mêmes taxes.

Telle est en grande partie la cause du préjugé défavorable qui existe si généralement contre la dette publique. Par-là, en effet, les rapports mutuels des contribuables et des rentiers sont couverts comme d'un voile qui les rend difficiles à distinguer. Les uns comprennent mal leurs obligations, et les autres comprennent mal leurs droits. Au moment où le Gouvernement vient exiger une contribution dont lui même ne touchera rien, et dont le montant est destiné à un tiers, on croit voir encore ce dissipateur insatiable comme impitoyable, qui trop souvent arrache au pauvre le fruit de ses sueurs, pour le consacrer à de coupables prodigalités. Le contribuable oublie qu'il a réellement dans sa fortune une portion de capital appartenant, non pas à lui, mais aux créanciers de l'Etat, un capital qui a été avancé au débiteur primitif, par le créancier primitif, dont les droits, après des transferts plus ou moins nombreux, sont échus au rentier actuel. Il oublie que l'intérêt qu'il paie pour l'usage de ce capital, est une charge aussi légitime, aussi sacrée que tout autre engagement pécuniaire; et, au lieu de l'empressement, de la résignation au moins avec laquelle il devrait s'acquitter d'une pareille obligation, il cherche à s'y soustraire, parce qu'il ne la comprend pas, et qu'il n'a devant les yeux d'autre créancier que le fisc.

Et comment la masse des contribuables pourrait-elle avoir une juste idée de sa véritable position vis-à-vis des créanciers de l'Etat, lorsque les philosophes eux-mêmes s'égarent dans l'appréciation des rapports si simples en réalité, si compliqués en apparence, de ces deux classes? Les économistes ne disent-ils pas que la dette publique réduit dans un état le taux de la rente des capitaux, ce qui veut dire au fond qu'elle oblige les capitalistes à payer un intérêt, pour l'usage d'un capital qu'ils ont en main, quoiqu'il appartienne à d'autres; et que leur revenu serait augmenté, s'ils pouvaient frustrer leurs créanciers de cette redevance légitime.

Ainsi les résistances qu'occasionne mal à propos l'intervention du gouvernement pour le payement des intérêts de la dette, l'emploi des moyens violens de coërcition que ces résistances nécessitent, sont un vice incontestable de l'organisation actuelle du crédit public. Et malheureusement on ne voit pas comment, pour le présent du moins, on y pourrait remédier. Plus tard peut-être il sera possible de transférer à un autre agent la direction du crédit public ; c'est que j'examinerai ailleurs.

Les inconvéniens qui résultent de l'intervention du Gouvernement pour le payement des intérêts de la dette, sont d'une nature purement morale. Il en est d'autres tout-à-fait matériels qui résultent de l'emploi des taxes, comme instrument servant à prélever les intérêts de créances publiques.

« Je crois qu'une dette de 800 millions de liv.
» sterl. est un mal très-sérieux, disait M. Ricardo
» à la Chambre des communes (1) ; et je le crois
» ainsi, à cause des souffrances que les taxes em-
» ployées pour desservir les intérêts de cette
» dette, occasionnent tantôt à l'une, tantôt à
» l'autre des différentes classes de la commu-
» nauté. N'y a t-il pas la dépense des frais de
» perception ? n'y a-t-il pas l'immoralité de la
» contrebande et des réglemens de l'accise ? La
» contrebande n'est-elle pas extrêmement préju-
» diciable au commerce ? et les profits du contre-
» bandier ne sont-ils pas un impôt sur toute la
» nation ? L'existence de ces taxes n'a-t-elle pas le

(1) Séance du 7 mars 1823.

» désavantage, sous le point de vue constitu-
» tionnel, de donner un immense patronage au
» Gouvernement? Leur suppression, si nous pou-
» vions nous en débarrasser, ne serait-elle pas un
» grand bienfait pour notre commerce en le
» plaçant dans une situation naturelle : car à
» présent avec le système restrictif des douanes
» et de l'accise, sa situation est tout-à-fait arti-
» ficielle. »

Aux considérations présentées par l'illustre
économiste, il en faut ajouter une autre non moins
importante. Toutes nos taxes, celles même sur
les biens-fonds, ne sont, quelle que puisse être
l'opinion commune à cet égard, que des taxes
sur la consommation. C'est une vérité aujourd'hui
unanimement admise par les économistes. Et en
effet, quelle différence peut-il exister entre les
résultats d'une taxe sur un fonds de terre, et ceux
d'une taxe sur les produits de ce fonds? Or, lorsqu'une taxe est imposée sur une denrée, elle la
suit dans tout son cours, jusqu'au moment où
elle est consommée. Les taxes payées par les
ouvriers qui ont manufacturé cette denrée, s'a-
joutent de même à son prix naturel, et le tout
retombe en définitive sur le capitaliste consommateur qui doit rembourser toutes les avances
faites par les producteurs, et qui n'est lui-même
remboursé par personne.

Ainsi une taxe sur les objets de consommation va, en définitive, frapper le capitaliste seul débiteur réel des rentiers ; elle va prendre dans sa bourse le montant de l'intérêt dont il est débiteur, pour le transmettre, par l'intermédiaire du commerçant, du fabricant et des ouvriers, au trésor public, qui le remet à son tour au créancier de l'Etat. Par le moyen de cette circulation continuelle, de ces remboursemens successifs, le payement de l'intérêt de la dette ne grève pas plus *en général* les producteurs, que ne le ferait le payement direct de cet intérêt par les capitalistes aux rentiers ; il ne les grève pas plus que ne les grève le payement des intérêts dus en compte courant par un capitaliste à l'autre, dans toute la nation. On peut dire que pour le payement des intérêts de la dette publique, au moyen des taxes de consommation, les commerçans, les fabricans, les ouvriers, ne sont que de simples messagers qui vont porter au Trésor public les fonds qui leur sont remis par les capitalistes ; ils transmettent, ils avancent ces fonds ; ils ne les fournissent pas.

Cette avance n'entraîne, en général, aucun inconvénient notable pour les producteurs qui la font, tant qu'ils restent sur le marché national, parce que, les frappant tous également, elle ne change rien à leur position relative, et élève dans une égale proportion le prix qu'ils obtiennent pour leurs produits ; mais il n'en est plus de même, dès' qu'ils doivent paraître sur le marché étranger. Là, en effet, obligés de demander à l'acheteur non-seulement le prix naturel de leurs produits, mais encore le remboursement des taxes qu'ils ont avancées pour le service des intérêts de la dette nationale, avance qui à l'intérieur leur eut été remboursée par le capitaliste consommateur, ils se trouvent ainsi dans une position désavantageuse, à l'égard des rivaux dont ils ont à soutenir la concurrence.

Ajoutez encore, qu'à l'époque des crises commerciales, la marchandise cessant de se vendre, et les ouvriers cessant d'être employés, ces débours imposés aux producteurs par les taxes, et qui ordinairement ne sont qu'une avance, cessent de leur être remboursés, restent définitivement à leur charge, et aggravent extrêmement leurs souffrances.

Ainsi l'emploi des taxes, pour le prélevement des intérêts de la dette publique, taxes qui aujourd'hui sont toutes et partout, sans aucune exception, des taxes sur les objets de consommation, est funeste à l'Etat, par les frais de perception qu'il occasionne, par la contrebande qu'il suscite, par le patronage administratif qu'il donne au gouvernement, par la direction fausse qu'il imprime à l'industrie et au commerce ; par la position désavantageuse dans laquelle il place le producteur national vis-à-vis du producteur étranger, par les souffrances, surtout, auxquelles il expose la classe des producteurs dans les temps de crises commerciales. Ce sont là des inconvéniens incontestables, qui proviennent de l'organisation vicieuse du système de crédit public, quoique parfaitement étrangers à son essence même ; mais qui ne sont pas plus une raison de supprimer ce système, que la mauvaise organisation des établissemens d'instruction publique dans un pays, ne serait une raison de supprimer tout à fait les établissemens de cette nature.

Quoique la dette, ainsi que je l'ai dit ailleurs, n'étant qu'un ensemble de relations de crédit, ne puisse par elle-même gêner en aucune sorte le développement de l'industrie dans l'Etat, une pareille gêne résulte cependant de l'action des taxes employées pour prélever l'intérêt des créances publiques. Ce que nous venons de dire des inconvéniens de ces taxes, nous dispense d'entrer ici dans de plus longs détails à ce sujet.

Ce sont encore les mêmes inconvéniens qui, dans un pays où existe une dette publique, entravent jusqu'à un certain point l'exercice de la puissance extérieure de l'Etat. Il est clair que ces entraves ne peuvent pas provenir de l'influence propre de la dette ; car, n'étant qu'un ensemble

4.

de relations de crédit, elle change il est vrai l'arrangement du capital dans la société; elle le classe de la manière la plus conforme aux besoins de la production; mais elle ne le diminue pas, elle ne soustrait pas un atôme aux sommes disponibles que l'état peut prélever, soit par l'impôt, soit par l'emprunt, pour les dépenses de la guerre. Son étendue ne peut pas même nuire, comme on le prétend au crédit de l'Etat, au moins auprès d'un public éclairé; car la suppression de la dette, si elle venait à être effectuée à l'instant même, ne devant pas rendre l'Etat plus riche d'un denier qu'il ne l'était auparavant, l'existence actuelle de cette dette ne diminue en rien le degré de confiance que mérite l'Etat. Ce degré de confiance doit être proportionné au degré de richesse, au degré de solvabilité du pays, élémens qui ne sont altérés en rien par cette combinaison intérieure de crédit, qu'on appelle la dette publique.

Mais l'inconvénient réel d'une dette préexistante, dans le cas où l'on aurait besoin de contracter de nouveaux emprunts, est d'avoir grevé par avance la matière imposable d'une charge plus ou moins considérable pour le service des rentes sur l'Etat.

La portion du revenu public qui se laisse attendre par l'impôt, est certainement très-inférieure à la partie reellement disponible de ce revenu ; après une certaine limite , l'encouragement donné à la fraude par l'excès des taxes, la nécessité de recourir à des mesures violentes pour assurer la rentrée des contributions , la crainte de faire peser sur le peuple une avance qui ne lui sera peut-être pas remboursée, et aggravera sa misère ; ces diverses considérations forcent le Gouvernement à user avec beaucoup de réserve d'un instrument imparfait, insuffisant pour l'opération à laquelle il est employé , et qui souvent perce jusqu'au vif, lorsqu'il ne faudrait toucher que la superficie.

Sous ce rapport il est certain que l'existence de la dette nuit à l'action de la puissance entérieure de l'Etat, et peut quelquefois lier les bras au Gouvernement, lorsqu'il aurait besoin d'agir avec énergie. Toutefois, il est bon d'observer que les diverses nations de l'Europe se trouvant à cet égard dans une position semblable, l'inertie à laquelle elles se trouvent par-là simultanément condamnées, fait que cet espèce d'affaiblissement de la puissance militaire de chacune, est une garantie qui doit rassurer toutes les autres contre les craintes qu'elles pourraient éprouver pour le maintien de leur indépendance; elle devient par là un promoteur de cet état de paix générale entre les nations de l'Europe , dont on ne peut méconnaître aujourd'hui la tendance à s'établir.

On a souvent prétendu que l'existence de la dette publique est propre à déterminer une exportation de capitaux hors du pays. Si le fait était vrai, il prouverait seulement la manière défectueuse dont sont constitués les rapports de débiteur à créancier, dans l'organisation actuelle du crédit public. Car cette exportation de capitaux, dans le but de se soustraire au payement des intérêts de la dette, ne serait au fond rien autre chose qu'une violation d'un engagement sacré. Dans les relations commerciales ordinaires, un homme qui exporterait son capital dans le but de se soustraire aux justes demandes de ses créanciers, serait considéré comme un banqueroutier, et serait obligé, pour éviter un pire inconvénient, de s'éloigner lui-même avec son capital. Mais dans le cas du crédit public, l'obligation du débiteur envers le créancier, est si vague, si obscure, si mal définie, que personne ne se ferait scrupule d'exporter ainsi son capital, en l'affranchissant de la redevance dont il est grevé, s'il pouvait trouver ailleurs pour ce capital un emploi suffisamment avantageux. Et personne n'imaginerait qu'il pût y avoir quelque chose de répréhensible, d'irrégulier dans cette manière d'agir. Quoiqu'il en soit, il est certain que d'après

la nature des taxes universellement en usage,
l'existence de la dette publique n'a jamais pu
donner lieu à une pareille exportation de capitaux. Ce n'est point en effet à la formation du revenu que les taxes de consommation l'atteignent.
C'est seulement lorsqu'il vient à être dépensé.
Pour se soustraire aux charges de la dette, il
n'est pas nécessaire d'exporter son capital; il
suffit d'en aller consommer le revenu à l'étranger;
par-là on échappe aux taxes de consommation,
les seules au moyen desquelles s'exerce l'action
fiscale. Ainsi l'existence de la dette en Angleterre
a bien pu déterminer l'émigration de quelques
milliers d'individus sur le continent; mais elle
n'a jamais pu causer l'exportation d'une seule
particule de capital.

On peut encore observer que les taxes, suivant
qu'elles portent également ou inégalement sur
les diverses classes de la société, modifient la
proportion dans laquelle les unes et les autres
supportent les charges de la dette.

En résumé, Messieurs, vous voyez que si le
système de crédit public est en lui-même une
excellente institution, son organisation actuelle
est au contraire éminemment vicieuse. Vous voyez
que la véritable nature des rapports entre la partie débitrice et la partie créancière, surtout à
cause de l'intervention du Gouvernement comme

intermédiaire entre l'une et l'autre, est en général tout à fait méconnue; que l'emploi de
l'élément fiscal pour le prélevement des intérêts
de la dette cause à la société les plus graves inconvéniens; qu'il compromet le bien être de la
classe ouvrière, nuit au développement du commerce et de l'industrie, entrave l'exercice de la
puissance extérieure de l'Etat; enfin peut déterminer, sinon l'exportation des capitaux, au moins
l'émigration des individus.

Quelles mesures doivent être adoptées de préférence, pour remèdier à ces inconvéniens? Je
remets à ma prochaine lettre l'examen de cette
question.

LETTRE V.

TROISIÈME ET QUATRIÈME PRINCIPE DE LA THÉORIE DU CRÉDIT PUBLIC.

1°. *Le système de crédit public étant une institution éminemment avantageuse à la société, ne doit point être supprimé.*

2°. *Les excédans des recettes sur les dépenses au lieu d'être employés au remboursement des créances publiques, doivent être appliqués à des dégrèvemens d'impôts.*

MESSIEURS,

NOUS avons examiné l'institution du credit public, et dans sa nature intime qui est éminemment bienfaisante, et dans son organisation, dans sa forme extérieure qui offre de graves imperfections.

Nous devons maintenant rechercher les conséquences qui résultent de cet examen relativement à la convenance de rembourser les créances publiques (1).

Quels motifs pourraient nous engager à effectuer cette opération? Voyons ceux que peut suggérer la considération de la nature intime du système de crédit public, et ceux que peut suggérer l'examen des circonstances accessoires propres à son organisation actuelle.

Envisageant le système de crédit public sous le premier rapport, dirons-nous comme on l'a répété tant de fois, qu'il appauvrit l'Etat, qu'il paralyse l'industrie, qu'il prive la société d'une partie de ses moyens de défense extérieure?

Mais la dette, nous l'avons démontré, n'est

---

(1) Dans les considérations qui suivent, j'ai dû faire abstraction du mode particulier de remboursement employé. Un mode de remboursement, quel qu'il soit, et sous quelque forme qu'il se présente, ne peut jamais être que le payement d'une portion du principal, faite en sus du payement de l'intérêt. Tantôt cette portion est payée conjointement avec l'intérêt, comme dans le cas des annuités à terme. Tantôt elle est payée séparément, comme dans le cas de l'amortissement. Mais laissant de côté ces petites différences peu importantes, je n'ai à m'occuper ici que du fait essentiel, le payement annuel d'une portion du principal. Voyez la lettre VI.

rien, absolument rien, qu'une simple relation de crédit entre certains débiteurs et certains créanciers, le tout sous l'agence intermédiaire du trésor public. Or, une relation de crédit n'appauvrit pas la société, pas plus qu'elle ne l'enrichit actuellement; tout ce qu'elle fait, c'est de faciliter le progrès de la richesse en effectuant le transport des capitaux d'un individu à l'autre, pour le plus grand avantage des deux intéressés. A cet égard, le crédit public agit d'une manière parfaitement analogue au crédit privé, et même avec des avantages très-supérieurs pour les deux parties contractantes. Supprimez la dette dans un Etat, c'est-à-dire la relation de débiteur à créancier qui existait entre les contribuables et les rentiers; supprimez-la, soit en déclarant l'obligation du débiteur annulée, c'est-à-dire en faisant banqueroute, soit en obligeant le débiteur à rembourser le créancier; dans le premier cas, vous aurez donné à l'un ce qui appartenait à l'autre, vous aurez causé une immense perturbation dans les fortunes; dans le second cas vous aurez privé le producteur de certaines ressources que lui fournissait le crédit, vous aurez jeté le trouble dans les opérations de l'industrie; mais dans l'une et dans l'autre supposition, par la suppression de la dette vous n'aurez ni ajouté ni retranché un obole à la somme totale des capitaux et du revenu de la nation. L'opération aura exactement le même résultat que si vous aviez fait supprimer toutes les avances de fonds en compte courant et en commandite, qui existent actuellement de particulier à particulier. Il est clair qu'après cette liquidation il n'y aurait plus de dettes privées, tout comme après votre remboursement il n'y aurait plus de dette publique. Mais je ne pense pas que l'une ni l'autre de ces deux opérations fût d'une nature très-avantageuse.

L'État ne peut donc avoir aucun intérêt à la suppression d'une relation de crédit qui n'ajoute ni n'ôte rien à la somme de ses richesses, qui ne peut par conséquent nuire au progrès de son industrie, ni au développement de sa puissance militaire; dont le seul effet est au contraire, comme celui de toutes les relations de crédit, d'accélérer dans la société la multiplication des capitaux, et, dans le cas actuel, par une combinaison toute spéciale, d'en assurer la conservation.

Si l'État n'a aucun intérêt au remboursement des créances publiques, en serait-il autrement des individus réciproquement engagés?

Voyons donc quelle partie pourrait avoir intérêt à réclamer le remboursement? Sont-ce les débiteurs? Quels seraient leurs motifs?

Supposez-vous que leur position soit telle qu'ils

éprouvent une gêne excessive à remplir leurs engagemens? A ce mal, il n'existe qu'un remède;
la banqueroute ou totale ou partielle; la loi des
lois, la nécessité veut qu'il en soit ainsi. Mais si
vous pensez que la position des débiteurs ne soit
pas assez critique pour légitimer l'emploi d'un
pareil moyen, du moins pour soulager les souffrances de cette partie de la nation, n'allez pas leur
imposer l'obligation de payer annuellement en
outre de l'intérêt de la dette une portion du capital. Car, en vérité, ils vous auraient peu de
reconnaissance de ce prétendu bienfait.

Admettez-vous que les débiteurs, quoique parfaitement, en état de faire face à leurs engagemens,
pourraient individuellement emprunter des capitaux à des conditions meilleures que celles qu'ils
obtiennent des créanciers de l'État. Dans ce cas,
en effet, il serait parfaitement raisonnable de les
laisser rembourser annuellement une partie du
capital de leur dette. Mais la supposition dans
laquelle vous raisonnez est inadmissible; il est
impossible, sauf quelques exceptions dont on ne
doit pas tenir compte, il est impossible que des
emprunts faits sous une garantie individuelle,
soit aussi avantageux que des emprunts faits sous
la garantie solidaire de la grande communauté
nationale. Le souvenir des emprunts français
de 1817 tend à établir de fausses notions à cet

égard. Mais une invasion européenne n'est pas un événement de tous les jours, et si l'on songe que le taux des emprunts contractés par l'Angleterre dans la dernière guerre, n'a point ou a peu dépassé 5 p. %, il faudra bien avouer que les capitaux obtenus des créanciers de l'État, coûtent moins que ceux qui pourraient être obtenus par toute autre voie.

Le mode le plus avantageux aux débiteurs, d'obtenir des fonds pour rembourser la Dette, serait un emprunt collectif; ainsi on devrait refaire la dette publique, pour la défaire.

Ajoutez encore que dans le cas de l'emprunt individuel, le débiteur n'obtienda pas cet immense avantage, de n'être point obligé personnellement, mais seulement en raison de sa fortune croissante ou décroissante; avantage dont il jouit dans le cas du crédit public.

La partie débitrice n'a aucun intérêt à ce que les créances de l'Etat soient remboursées. La partie créancière en a-t-elle d'avantage?

Quel serait cet intérêt de la part des créanciers?

Serait-ce la crainte de ne pouvoir recouvrer plus tard leur capital?

Cette crainte est chimérique; aussi je pose en fait qu'elle n'existe point chez les créanciers de l'Etat. Ils se sont constamment opposés au contraire à tout système ayant pour but de limiter la durée de leurs créances.

Dira-t-on que sans avoir cette inquiétude sur le sort ultérieur de leur capital ; ils peuvent cependant à raison de circonstances particulières, désirer d'en recouvrer la disposition ? Mais le marché des fonds publics est ouvert. Le créancier, qui a besoin de capitaux, peut emprunter sur sa créance, et devenir débiteur ; tandis que l'ancien débiteur, qui ne veut plus mettre en œuvre son capital, le transmet au précedent en échange de son titre, et devient à son tour créancier. Ces besoins divers se mettent d'eux-mêmes en équilibre, sans le secours d'aucun remboursement.

Ainsi, Messieurs, que nous considérions l'Etat collectivement, ou la partie débitrice, ou la partie créancière, nous trouvons que le remboursement de la dette publique est contraire à ces divers intérêts.

Il est contraire à l'intérêt de l'Etat, parceque l'existence de la dette, loin d'absorber, comme on le dit sans se comprendre, une portion du capital de la nation, ne fait que distribuer ce capital de la manière la plus avantageuse pour l'œuvre de la production.

Il est contraire à l'intérêt de la partie débitrice, parceque si elle se trouve dans une position critique et difficile, l'obligation de rembourser annuellement une portion du capital de la dette, ne fait qu'augmenter ses embarras ; et qu'en tous cas, les capitaux qu'elle a obtenus par le crédit public, lui coûtent moins cher que ceux qu'elle pourrait obtenir par toute autre voie.

Il est contraire à l'intérêt de la partie créancière, parcequ'elle la prive d'un moyen de placement qu'elle affectionne, et que d'ailleurs elle n'en a pas besoin pour réaliser son capital, lorsqu'il lui convient d'y rentrer.

Jusqu'ici j'ai examiné la question du remboursement d'une dette publique, comme j'aurais pu faire celle du remboursement d'une dette particulière. J'ai cousulté séparément l'intérêt du débiteur, et l'intérêt du créancier. Et trouvant le remboursement contraire à l'un et à l'autre, je l'ai repoussé. Mais cette considération déjà décisive en elle-même, n'est cependant que secondaire en comparaison de celles qui militent d'aileurs contre le système de remboursement.

En effet la dette a plus que le caractère et les avantages d'une simple relation de crédit ; elle a tous ceux d'une grande institution sociale. Au moyen de l'obligation solidaire des débiteurs, elle donne aux créanciers pour la conservation du capital déposé, une garantie qu'ils ne trouveraient point ailleurs. Et la qualité de créancier ne devant plus être le partage d'une classe particulière d'individus, mais être mise à la portée de tous ; chaque homme, dans la société, étant appelé à devenir soit alternativement soit simultanément, débiteur et créancier, l'institution du crédit public se transforme en un contrat d'assurance entre les citoyens, pour la garantie mutuelle de leurs capitaux. Par la stabilité qu'elle donne, soit aux existences individuelles, soit à l'État lui-même elle est donc un véritable élément d'organisation sociale ; elle est le plus beau résultat de cet esprit d'association, base de la civilisation moderne.

Vouloir la supprimer par le remboursement des créances publiques, est un véritable attentat contre les intérêts de la société. Et si ceux qui réclament cette suppression veulent bien y réfléchir, ils seront étonnés, effrayés de l'immense désorganisation que, bien à leur insu sans doute, entraînerait l'exécution de leur projet (1).

Nous avons examiné la nature intime, l'action essentielle du système de crédit public sur la

(1) Si l'on demandait aujourd'hui aux détenteurs de rentes s'ils veulent abandonner leur dividende, à condition d'être dégrevés d'une somme égale d'impôts, je ne doute pas qu'ils ne se refusassent à la transaction; au moins leur intérêt devrait-il les décider à le faire, en raison des avantages attachés à la possession de la rente. Supposez le plus grand nombre des capitalistes dans l'État, devenus possesseurs de rentes, et voyez quel sera l'avantage du remboursement.

société ; et loin d'y trouver quelques raisons pour admettre le remboursement des créances publiques, nous en avons tronvé au contraire de décisives pour le repousser.

Mais l'organisation actuelle du système de crédit public est vicieuse ; elle entraîne les plus graves inconvéniens pour la société.

Peut-être le remboursement est propre à faire cesser, à atténuer ces inconvéniens ; et alors nous pourrions nous décider à l'admettre, si toutefois l'avantage de faire cesser ces inconvéniens ne devait pas être contre-balancé ou surpassé par le désavantage d'éteindre en même temps les bienfaits que la société retire de l'existence du système de crédit public.

Mais nous n'avons pas besoin de recourir à cette dernière considération. Le remboursement qui détruirait par leur base, avec l'existence même du système de crédit public, les avantages que la société retire de ce système, n'aurait pas même la propriété d'obvier aux inconvéniens qui résultent des vices de son organisation : bien loin de là, il les aggraverait.

Quoi! dirais-je à ceux qui se font les défenseurs du système de remboursement, vous vous plaignez que l'emploi de l'impôt pour le prélèvement de l'intérêt de la dette est une source de souffrances pour la société ; et dans le seul but de remédier à ces souffrances *qui naissent de l'emploi de l'impôt* (non pas dans le but de supprimer les créances publiques en elles-mêmes puisqu'en elles-mêmes, nous l'avons démontré, elles n'ont rien que d'utile); dans le but, dis-je, de remédier aux inconvéniens qui *naissent de cet emploi de l'impôt*. Que faites-vous ?.... Vous voulez appliquer l'impôt; non plus seulement au prélèvement de l'intérêt de la dette, mais encore au remboursement d'un portion de cette dette. En France, par exemple, vous avez 170 millions de rente à servir par le moyen de l'impôt, et pour amoindrir autant qu'il est en vous le dommage qu'éprouve la société des inconvéniens attachés à la perception de ces 170 millions, vous en prélevez 77 autres !...

Je sais bien que vous allez me dire que dans quarante ans, *juvante Deo*, et avec l'intérêt composé, vous aurez racheté toute la dette, et qu'alors vous pourrez faire sauter ces maudites taxes toutes à la fois, ce qui fera une journée très-récréative pour ceux qui vivront alors. Je ne vous répondrai pas que votre fonds de remboursement, au lieu de servir à racheter la dette, ne servira jamais qu'à l'augmenter, à faire quelque expédition chevaleresque, ou à payer quelque indemnité. C'est une question à part, et qui trouvera sa place ailleurs. Je veux bien supposer que le fonds de remboursement servira à rembourser, et je raisonne dans cette hypothèse.

Mais si vous admettez que les souffrances causées à la société par la perception de l'impôt soient
d'une nature très-grave, croyez-vous qu'il soit
bien raisonnable d'attendre quarante ans pour y
porter remède? Croyez-vous que tandis que votre
fonds de remboursement s'accumule à intérêt
composé, les pertes et les souffrances causées à la
société ne s'accumulent pas dans une même progression? Croyez-vous qu'en grevant la génération
actuelle de frais énormes de perception, en lui im-
posant le fardeau d'une armée administrative, en
troublant son commerce par des droits prohibitifs,
en la plaçant dans un état d'infériorité envers les
nations rivales sur les marchés étrangers par l'élé-
vation artificielle du prix de ses produits, vous
ne lui fassiez pas de profondes blessures, dont se
ressentira sa postérité? Ainsi, tandis que vous
croyez travailler pour nos successeurs, vous agis-
sez comne leurs plus cruels ennemis.

N'est-il pas évident que la véritable manière de
soulager la société des maux que lui cause la
perception de l'impôt, est non pas d'augmenter
la quotité de cet impôt, mais bien de la diminuer au contraire par des dégrèvemens, à mesure
que, par l'accroissement du revenu public, ces
dégrèvemens pourront avoir lieu, en laissant la
recette au niveau de la dépense? Ce sera le moyen,

comme je le disais ailleurs , *de soulager directe-*
ment et immédiatement la nation des seuls incon-
véniens que lui occasionne l'existence du crédit
public.

Ici , Messieurs , je suis heureux de pouvoir
m'appuyer de l'autorité d'un homme connu pour
la franchise et la droiture de ses opinions dans le
parlement anglais , de Sir Henri Parnell , président du comité de finances de 1828. Le comité
avait demandé que l'amortissemeut fût réduit à
l'excédant présumé de la recette sur la dépense ,
c'est-à-dire, à la somme d'à peu près 3 millions de
livres sterling. Lors de la discussion qui eut lieu à
ce sujet, dans le parlement, le très-honorable
baronet alla plus loin : il demanda la suppression
entière de l'amortissement.

« Les inconvéniens causés au pays, disait-il,
» par la perception d'un surcroît de taxes de trois
» millions de livres sterling, font infiniment plus
» de mal que l'amortissement ne fait de bien.
» Telle est mon opinion ; et si la Chambre veut
» bien examiner attentivement l'influence parti-
» culière de chacune de nos taxes, je suis per-
» suadé que beaucoup d'honorables membres se
» rangeront à mon avis. D'après un papier com-
» muniqué au comité de finances, je trouve qu'il
» y a dans ce moment-ci un revenu brut de près
» de six millions de livres sterling ; provenant

» de taxes sur des matières premières employées
» dans nos manufactures. Il est évident que de
» pareilles taxes, en élevant le prix de nos pro-
» duits, mettent nos fabricans dans une position
» désavantageuse pour soutenir la concurrence
» sur les marchés étrangers. La première chose
» à faire serait donc de supprimer ou de dimi-
» nuer cette espèce nuisible de taxes. Viennent
» ensuite des impôts très-lourds sur trois bran-
» ches des plus importantes de notre industrie,
» le papier, le verre, le cuir. Parlerai-je ici de
» la condition du manufacturier, obligé de tra-
» vailler sous l'inspection de l'accise? n'est-il pas
» certain que l'incommode sujetion à laquelle il
» est soumis augmente les frais de production, et
» par l'obligation de suivre les méthodes pres-
» crites, arrête les perfectionnemens? N'y a-t-il
» pas d'autres taxes qui occasionnent dans le pays
» une contrebande fort étendue, une contrebande
» dont la répression, plus ou moins efficace,
» coûte 700,000 livres sterling par an? Si le
» parlement voulait retrancher les profits des
» contrebandiers en abaissant les droits, la con-
» trebande serait inévitablement arrêtée, et sans
» frais pour l'Etat. Enfin, n'y a-t-il pas des taxes
» établie en apparence pour la protection du
» commerce, qui, en réalité lui causent le plus
» grave préjudice? Tout le système de taxes sur

» les produits coloniaux n'est-il pas mauvais,
» désastreux ? D'après toutes ces considérations,
» si l'on me demande, dans le cas où il y aurait
» un excédant de revenu, à quel objet il devra
» être employé de préférence, je répondrai sans
» hésiter : *très-certainement à degréver l'im-*
» *pôt* (1). »

Plus on y réfléchit, plus on voit que le dégrèvement procure à la société, froissée par le prélèvement de l'impôt, un soulagement bien plus

---

(1) Je dois à la vérité d'ajouter que, dans l'opinion du très-honorable baronet, le remboursement devait être repris lorsque, par suite de l'accroissement naturel du revenu public, et des dégrèvemens faits en conséquence, l'impôt serait devenu plus léger pour la nation. Cette opinion prouve qu'il n'avait pas apprécié la valeur du système de crédit public comme institution sociale; car autrement il n'eût pas pu consentir à sa suppression par le remboursement à aucune époque. Il y a cependant une condition moyennant laquelle je pourrais être de son avis. C'est que l'institution du crédit public se fût préalablement constituée dans la société, sous une autre forme; c'est qu'*un bon système de banque* fût établi, qui pût remplir, pour le placement des capitaux, les mêmes fonctions que nos fonds publics. Dans ce cas, et si l'action oppressive de l'impôt avait été préalablement réduite par des dégrèvemens, ainsi que le suppose sir Henri Parnell, on pourrait peut-être songer à rembourser la dette. C'est ce que j'examinerai dans une lettre suivante.

effectif que celui qu'on attend du remboursement.
Qu'il en soit ainsi pour ce qui touche aux intérêts
de l'industrie , cela est déjà suffisamment démontré. N'en sera-t-il pas de même pour tout ce
qui est relatif aux moyens d'attaque et de défense?
Nous avons vu que la dette publique nuisait au
développement de ces moyens, non pas en détruisant aucune partie des ressources de l'Etat,
mais en grevant pour le service des rentes publiques, la matière imposable, et rapprochant
ainsi le point où cette matière devient rebelle aux
efforts du Gouvernement qui cherche à la frapper. Car, l'impôt sous un Gouvernement doux et
humain, est loin de saisir la portion réellement
disponible du revenu. Or , en opérant des dégrèvemens à mesure que le permet l'accroissement
progressif du revenu , ne met-on pas en liberté
une portion de matière imposable, qui deviendra
disponible de nouveau , lorsque les circonstances
l'exigeront? Cela ne revient-il pas au même que
de libérer cet impôt par le remboursement?

Les économistes anglais ont souvent proposé
d'établir une taxe des revenus, destinée à rembourser la dette; et ils attachent une grande importance à cette idée. J'avoue que je ne puis être
de leur avis.

Pourquoi une taxe des revenus, plutôt que
toute autre dans cette circonstance ? Est-ce parce-

que vous la regardez comme la moins oppressive
de toutes? Mais alors le plan le plus simple serait
d'appliquer cette taxe aux besoins des services cou-
rants, et au payement des intérêts de la dette.
Vous obtiendriez ainsi le plus grand allégement
possible pour la société, sans la priver de ses institutions de crédit public, qui lui sont indispen-
sables ; sans la grever du fardeau additionnel
d'un fonds de remboursement.

Nous avons vu précédemment que le remboursement des créances sur l'État aurait pour résultat de priver la société des avantages aussi variés
qu'importans que lui procure l'institution du
crédit public ; notre conclusion a été : Permanence de la dette, et pas de remboursement.

Nous voyons maintenant que cette même opération, loin de remédier aux inconvéniens qui
résultent pour la société de l'organisation vicieuse
actuelle du crédit public, ne fait que les rendre
plus vifs ; notre conclusion doit donc être : Dégrèvement des impôts, et pas de remboursement.

Eh bien . me diront peut-être quelques personnes, nous reconnaissons avec vous que le système de crédit public est une institution féconde
en heureux résultats pour la société ; nous reconnaissons qu'il serait déraisonnable de le supprimer, par le remboursement des créances pu-

bliques , et que cette dernière opération ne ferait qu'augmenter le malaise que cause à la société la perception des taxes pour le payement des intérêts de la dette ; nous avouons tous ces résultats, et nous sommes assez disposés à convenir que le remboursement ne sert à rien qu'à mal. Mais un scrupule nous arrête encore. Si le gouvernement est une fois affranchi de la nécessité de rembourser, il ne cessera plus d'emprunter.

J'avoue que cette faculté n'affaiblira pas chez les Gouvernemens la disposition à emprunter ; quoiqu'à bien dire, je ne sache pas si leur position aujourd'hui , avec un fonds d'amortissement disponible sous leur main, ne doive pas leur paraître préférable. Quoi qu'il en soit, pour emprunter il faut être deux ; un emprunteur et un prêteur. Et si l'exemption de rembourser rend l'emprunteur plus facile, elle pourra bien rendre le prêteur plus difficile. C'est une circonstance qu'il ne faut pas négliger, pour décider si la suppression du remboursement tend ou non à accroître le montant des dettes publiques.

Il y a d'ailleurs à la faculté d'emprunter certaines limites naturelles, qui subsistent en tout état de choses, avec ou sans le remboursement , et qui ne peuvent être dépassées.

Tantôt c'est le manque de confiance du public envers le Gouvernement ; voyez si le Directoire , voyez si Bonaparte, ont jamais pu contracter des emprunts considérables.

Tantôt c'est la difficulté de hausser l'impôt au-dessus du taux actuel ; c'est ce qui est arrivé aux Anglais dans la dernière guerre. N'osant plus recourir aux emprunts, dans la crainte de trop élever la quotité des impôts, ils durent renoncer à l'emploi de cette ressource, et recourir, pour le prélèvement des dépenses de la guerre, à une taxe sur les revenus.

Il faut bien admettre enfin que la part, de plus en plus grande, que les peuples prennent à l'administration de leurs propres affaires, sera dans l'avenir un frein efficace aux folles entreprises, et par conséquent à l'abus des emprunts de la part des Gouvernemens. Il faut bien admettre qu'un état de paix générale entre les nations, état qui est en grande partie le résultat même de cette participation des peuples à leurs propres affaires, ou plutôt qui est comme ce fait lui-même un résultat du progrès général de la civilisation, mais un résultat visible, certain, qui ressort et de l'étude du passé, et de la vue du présent, et de la connaissance des dispositions actuelles de toutes les nations de l'Europe ; il faut bien admettre, dis-je, que cet état de paix, en mettant fin aux dépenses des guerres, les seules pour lesquelles il convient au Gouvernement

d'emprunter, empêchera la multiplication ulté-
rieure, à un degré excessif, des créances de l'Etat.

Cependant, en admettant ce résultat, je suis
loin d'admettre que les progrès du système de
crédit public, en prenant ce mot dans l'acception
la plus générale, puissent être aucunement circon-
scrits. Ce serait méconnaître un des besoins les
mieux marqués de la société moderne; car à
mesure que les capitaux augmentent, il faut bien
que les relations de crédit augmentent en même
temps; et sur quel principe pourraient-elles s'é-
tablir qui fût plus avantageux à la fois et au débiteur et au créancier, et à l'Etat lui-même, que le
principe du crédit public, c'est-à-dire la solidarité
entre les débiteurs? Ainsi le système de crédit public ne cessera pas de se développer et de grandir;
mais il se transformera, il se perfectionnera, il se
dégagera de la tutelle du gouvernement, pour
revêtir sa forme naturelle qui est celle d'une
banque ou d'un système de banques nationales,
qui en offrant aux capitalistes pour le placement
de leurs capitaux les mêmes ressources que
l'institution actuelle, aura en outre une action
puissante pour développer et gouverner l'industrie. Mais je dois m'occuper ailleurs de l'a-
venir du crédit public.

Messieurs, j'ai terminé l'examen de la première des questions sur laquelle j'ai pris la liberté

d'appeler votre attention : *Quelle est l'action d'un système de crédit public sur la société ?*

L'examen de cette question m'a donné lieu de poser deux principes théoriques.

Le premier que le crédit public n'était qu'un simple développement du crédit privé ; mais que par la solidarité qu'il établissait entre tous les contribuables à l'égard des rentiers, il avait des conséquences morales et politiques aussi vastes que bienfaisantes, et s'élevait au rang d'une véritable institution sociale.

L'autre, que son organisation actuelle, à raison de l'intervention du Gouvernement comme intermédiaire entre les débiteurs et les créanciers, et à raison de l'emploi de l'impôt pour le prélèvement des intérêts des créances publiques, était éminemment vicieuse et funeste à la société.

Chacun de ces principes m'a donné comme conséquence un principe pratique.

D'une part, permanence du système de crédit public, et pas de remboursement.

D'autre part, dégrèvement de l'impôt, et pas de remboursement.

Je me suis efforcé, Messieurs, d'établir à vos yeux la justesse de ces principes. Je m'estimerai heureux si j'ai pu déterminer votre conviction.

Ces principes ne semblent avoir rien que de simple et de facile à saisir ; on devrait croire que l'étude la plus superficielle du système de crédit public suffisait pour les révéler, et qu'ils n'étaient ni malaisés à découvrir, ni pénibles à appliquer.

Mais l'esprit humain, à côté de ses grandeurs, a quelquefois d'étranges faiblesses ; et dans un laps de temps qui a commencé par Newton et fini par Lagrange, il était dit que parmi tous les hommes d'état et les philosophes de l'Europe, il ne s'en rencontrait pas un seul capable de s'élever à la hauteur des principes si simples du crédit public. Troublés par l'effroi qu'ils avaient d'une dette publique, de ce fantôme sans cesse menaçant à leurs yeux, tout au contraire de ce que commandait la raison, les philosophes conseillèrent, les hommes d'État s'efforcèrent d'extirper du sein de la société le système de crédit public qu'il eût fallu soigneusement développer, et pour y réussir, ils augmentèrent le poids de l'impôt qu'il eût fallu dégrever.

Toutefois, comme on l'a fort bien dit, il y a quelqu'un qui a plus d'esprit que tous les gens d'esprit ensemble ; et ce quelqu'un, c'est tout le monde. En d'autres termes, il y a dans la société une sorte d'instinct, de force organique, qui, par des degrés insensibles la conduit toujours à son insu, au point où il importe d'arriver. Tandis que les philosophes déclamaient contre ces fâcheuses dettes publiques, que les peuples les

maudissaient, que les législateurs s'évertuaient
de la meilleure foi du monde à en débarrasser
l'Etat, et que tout enfin semblait conjuré pour
leur anéantissement ; il est arrivé que la force des
choses, un sentiment sourd, mais actif, du véritable intérêt des parties engagées, a donné aux
mesures adoptées un caractère indécis, dilatoire,
inefficace, qui a complétement paralysé l'action
qu'elles devaient avoir pour la suppression du
système de crédit public, et en a même fait
naître des conséquences toutes contraires. C'est
ainsi que la société est arrivée insensiblement, à
son insu, et contre son vœu formel, au système
de la permanence de la dette publique, système
que le préjugé commun faisait originairement
considérer avec effroi, et dont l'établissement ne
pouvait avoir lieu que par l'emploi de ces termes
moyens et de ces mesures bâtardes. Aujourd'hui,
en Angleterre au moins, on commence à se fami-
liariser avec l'idée d'une dette permanente ; les
uns par supériorité de lumières et par conviction, les autres de guerre lasse, et, en déses-
poir de cause, parce que la dette s'est tellement
accrue, qu'il n'est plus raisonnable d'en espérer
le remboursement.

On a beaucoup écrit sur l'amortissement et le
remboursement au pair, qui, dans notre système
financier, ont pris la place du remboursement à

terme fixe, et des annuités à terme et à vie. On s'est beaucoup occupé de l'efficacité de ces combinaisons pour produire la diminution, et en définitive, l'extinction totale des dettes publiques. C'était là cependant le moindre de leurs mérites; leur grande valeur, tout au contraire, a été de ne pas diminuer, de ne pas éteindre les dettes, tout en promettant de le faire, et de servir ainsi à effectuer le passage redouté dont je parlais tout à l'heure, d'une dette remboursable à une dette perpétuelle.

Ainsi la permanence du système de crédit public, qui ressort de la considération *à priori* de la nature de ce système, est confirmée par l'étude *à posteriori* de sa marche et de son développement. C'est sur quoi je prendrai la liberté d'appeler votre attention dans mes prochaines lettres.

TABLE

DES MATIÈRES.

Les Lettres suivantes paraîtront très-incessamment.

DEUXIÈME QUESTION.

QUELS SONT LES RÉSULTATS DE L'AMORTISSEMENT ET DU REMBOURSEMENT AU PAIR?

TROISIÈME QUESTION.

LA SUPPRESSION DE L'AMORTISSEMENT ET DU REMBOURSEMENT AU PAIR, APPLIQUÉE AUX RENTES FRANÇAISES ACTUELLEMENT EXISTANTES, BLESSERA-T-ELLE DES DROITS ACQUIS?

LETTRE IX. La suppression des deux opérations susdites ne blessera pas de droits acquis.

QUATRIÈME QUESTION.

QUELLES MODIFICATIONS LE SYSTÈME DE CRÉDIT PUBLIC DOIT-IL ÉPROUVER DANS L'AVENIR?

LETTRE X. Une banque nationale substituée au Gouvernement pour la direction du système de crédit public.

www.ingramcontent.com/pod-product-compliance
Lightning Source LLC
Chambersburg PA
CBHW050616210326
41521CB00008B/1281